Dufaux Jamar

Vincent

Un saint au temps des mousquetaires

DARGAUD
BENELUX

Maquette : Philippe Ghielmetti & Thomas Tran Dinh
Lettrage : Joëlle François

www.dargaud.com

PREMIÈRE ÉDITION

Dépôt légal : d/2016/0086/367 • ISBN 978-2-5050-6413-8
Imprimé et relié en Belgique par Lesaffre

Saint Vincent ? Un pari ? Alors qu'il s'agit d'une évidence.
Ou alors l'évidence s'est transformée en pari au cours des années, de ce temps qui ne veut plus s'embarrasser de cette dimension spirituelle qui accompagne toute vie.
Et si les auteurs le regrettent, ils sont prêts aussi à l'assumer, ce pari.
Imaginer un moment dans la vie d'un saint, évoquer la foi, la charité dans ce monde qui ne prête guère attention au recueillement, au dépouillement de soi, oui, c'est probablement un pari.
Comme l'étaient toutes les actions entreprises par Vincent. Ou l'abbé Pierre, ou tant, tant d'autres, mais je le reconnais, ces hommes et femmes de haute tenue ne font guère la une des journaux. Ils préfèrent la discrétion à l'éclat, l'abnégation à la vanité, ils savent la valeur du silence car c'est dans le silence que s'élèvent parfois les pensées les plus pures, les plus hautes, les plus vigoureuses.
Surtout ne pas juger. Ainsi va Vincent, qui passe au-delà des apparences, des rites et usages qui font le grand monde. Des violences et des grincements qui agitent ce peuple de France à l'heure des misères et des injustices (ont-elles disparu ?).
Louis XIII meurt dans un lit de souffrance qui le rapproche de l'agonie subie par nombre de ses humbles sujets.
Nous ne sommes rien devant la mort. Les croix, les honneurs, les batailles remportées, les territoires conquis ne sont plus que brimborions.
Sur monsieur de Prémontal qui l'accompagne dans son aventure et qui, de Dieu, n'a que faire, Vincent ne porte aucun jugement. Mais il lui est reconnaissant de son savoir-faire car le savoir-faire reste une politesse.
Il y a juste ce geste (un manteau donné sur les épaules de la pauvreté) qui conclut notre récit, pour lequel tout notre récit a été conçu, un geste qui traduit un acte de charité, un geste qu'accomplit Prémontal avant de s'effacer dans l'oubli des hommes.
Le plus important n'est-il pas accompli ?
Vincent peut continuer son œuvre. En passant, il a touché le cœur d'un homme. C'est déjà beaucoup.

À présent que tout s'achève, je veux remercier quelques personnes qui ont permis à *Vincent* d'exister.
En premier, Emilie Tibau, ma grand-mère. Elle priait comme elle cuisinait et elle cuisinait comme elle priait. Temps de l'enfance à jamais inscrit dans ma mémoire.
Vincent Montagne qui nous a soutenus dès le début. Avec une belle confiance. De celles qui revigorent.
Pierre Fresnay dans le film de Maurice Cloche. Présence impressionnante évitant tous les pièges.
Marie-Joëlle Guillaume dont le remarquable ouvrage sur Vincent et les conseils éclairés nous ont permis d'éviter nombre d'erreurs.

Et enfin, Martin, il me faut te remercier une fois encore de m'avoir accordé ta confiance. Tant d'années déjà que nous travaillons ensemble. Et te voilà, encore et toujours à tracer Paris dans le cours de son histoire. Quelle endurance !

JEAN DUFAUX. MAI 2016.

Paris. Maison de Saint-Lazare. Avril 1643. Au petit matin.
Seigneur, j'ai confiance en Vous.
Amen.
Ses prières sont de plus en plus courtes.
Et ses journées de plus en plus remplies. Il va se casser le dos, à courir ainsi dans tout Paris !
Moi, ce qui m'inquiète, ce sont ces vilaines personnes qu'il fréquente ...
Oui. Et justement ...

Ah, Antoine ! Madame de Maignelais nous attend. Je lui ai parlé de cette malheureuse qui a tant besoin de notre aide...
Quoi ?! Vous... vous accrochez à cette méchante affaire ?
Méchante, elle ne le sera plus si je parviens à convaincre le protecteur de cette enfant...
Ah ouiche ! Et vous avez l'argent pour cela ?
Moi ? Non. Madame de Maignelais, oui. Et donc nous y allons de ce pas...
Monsieur... C'est qu'il y a Thérèse qui veut vous parler. C'est à propos de Jérôme...
Encore...! Il ne reste donc jamais tranquille, celui-là ? Qu'est-il arrivé ?
Il... Il a entraîné quelques garçons de sa chambre à boire. Ils ne sont pas revenus de la nuit.
Bon. Dès qu'il apparaîtra, envoyez-le chez Thérèse. Qu'elle le garde jusqu'à mon retour. Nous verrons ce qu'il y a lieu de faire.
Viens, Antoine. Nous n'avons pas de temps à perdre.
Oh ! Le temps, Monsieur, nous ne l'avons jamais gaspillé...
J'espère bien ! C'est le cadeau le plus précieux que le bon Dieu nous ait donné.
Ça et de bonnes chaussures !!

Hôtel de Marguerite-Claude, marquise de Maignelais. Sœur du général des galères, Philippe-Emmanuel de Gondi. Dix heures du matin.
Je vous ai fait attendre, Monsieur.
Que Madame la Marquise se rassure ! J'en ai profité pour me donner audience à moi-même. C'est là un exercice que je ne pratique plus assez, ces derniers temps.
Vous vous dépensez trop, Monsieur. Et parfois pour certaines causes qui vous entraînent à dépasser les limites de la bienséance.
Des limites, Madame ? Je n'en connais point à la charité.
Quant à la bienséance, il y a bien longtemps que j'en ai perdu l'arithmétique. Mon salon à moi, ce sont les pavés de Paris.
Et où vous mènent ces pavés ?! Dans des bouges qui répugnent à l'esprit de toute honnête femme !
Les femmes honnêtes sont mon soutien, Madame. Elles me permettront de les mener au seuil de ces bouges où le Seigneur les réclame.
Décidément, vous n'êtes pas de tout repos, mon Père. Et combien vous faut-il, cette fois ?
Six mille livres.
Co... Comment ?! Une telle somme pour... pour...

A... Avant de devenir un... un misérable qui... qui ...
C'est le salaire annuel d'un maître de camp. Ce que fut notre homme.
Un proxénète, oui, Madame. Et qui tient sous sa coupe une enfant prête à se sacrifier si l'on ne la délivre pas de son supplice.
Un supplice ?! Certaines y prennent du plaisir...!
Je ne prends pas la mesure du plaisir, Madame. Je prends la mesure des peines. Qui me semblent bien grandes en cette enfant.
Quel âge a-t-elle ?
Quinze ans. Le corps s'est endurci déjà. Heureusement, l'âme cède.
Tenez, voici la somme. Loin d'être un saint, vous êtes un diable d'homme, Monsieur !
Éloignons le diable, Madame, nous ne nous en méfierons jamais assez.
Mais c'est vous qui êtes une sainte. Et telle est ma chance !
Allez, Monsieur. Vous me tiendrez au courant quant à cette fille. Qui se nomme ...?

Dans le quartier de la tour de Nesle. Fin de la matinée.
... Manon. Je l'ai prévenue de votre visite ...

... lui laissant quelque espoir. Tout dépend de ce que vous m'apportez.
J'ai l'argent. C'est une grosse somme.

Mon Père, je "protège" des filles bien laides, pas toujours jeunes et qui ne peuvent donner que ce qu'elles ont. À savoir peu. La petite Manon est l'exception. C'est dire que mon négoce repose en grande partie sur elle !...
Un "négoce" qui vous perdra. Il n'y a guère d'espoir dans la voie que vous vous êtes choisie.
Je m'en doute.
Sauf que je n'ai pas choisi. Ma mère est morte en couches. Mon père m'a élevé seul. Il était de petite noblesse. Il m'a jeté dans l'armée. Ce n'était pas idiot. Par mon nom, par quelques coups d'éclat dus à la jeunesse, j'ai gagné ma place de maître de camp. Et puis, une femme m'a fait perdre la tête. Elle avait un défaut ...
... elle avait un mari. J'ai tué le mari.
Le Diable permet des solutions qui nous semblent bien faciles.
Mes supérieurs m'ont chassé. Je me suis retrouvé sans le sou. Mais comme je plaisais aux femmes, je me suis laissé gagner par d'autres pratiques. Plus reposantes, ma foi, que la vie au régiment.

Oui. Ôtez la guerre à un soldat, il l'installera parmi ses proches. Comptez votre argent.
Pour qui me prenez-vous, mon Père ? Je vous fais confiance.
Manon ! Tu peux descendre !
GRRR RRRRR
Du calme, le Cardinal !!
?
C'est quoi, ce grondement ?!
OH !

Elle est bien jolie, la demoiselle...
Vous êtes prête à me quitter, Manon ? Le jeu était trop rude pour vous ?
Le jeu me dégoûte, Monsieur. Malgré les quelques pièces que vous me laissiez ...
Mais... je dois reconnaître que... sans vous... je serais déjà probablement morte...
Allez, Manon. Je vous laisse entre de bonnes mains. Mais... j'aurai du mal à vous remplacer ...
Pas de parents, de famille ...?
Non. Rien ni personne. On m'a trouvée dans la rue, je ne l'ai jamais quittée.

Où... où m'emmenez-vous ?
Ici, à l'Hôtel-Dieu. L'on va vous soigner et vous raffermir. Vous n'avez que la peau sur les os. Et vous boitez...

Je vais vous confier à une sage-femme, Thérèse. Vous verrez, elle vous remettra d'aplomb.
Heu... Je ne sais pas si je peux accueillir une... une...
Mais si... Mais si, vous pouvez... Dès qu'elle ira mieux, je la prendrai chez moi.

Mais... Mais je n'ai plus de lit !
Et... je manque d'assistantes.
Allons ! Des lits, vous en trouverez.
Tant mieux ! Vous vous en occuperez donc personnellement.
Il ne faut pas vous en faire... Thérèse, elle barguigne toujours avant de se décider...
!!
Mais... Manon ?!
J'ai compris. On ne veut pas de moi ...
?!
Attention ! Ne le bougez pas !
Manon !!
On l'a trouvé tout près d'ici, au marché Palu. Le couteau, il était enfoncé dans sa poitrine jusqu'à la garde !

Mais que se passe-t-il donc ici ?
Voyez ...
Jérôme !!! Mais...!!
Ah... Monsieur... Quel... quel dommage, n'est-ce pas ?
Juste au moment où j'allais m'en sortir ...
?? Sortir de quoi ?!
Mais... de cette vie de gueux... de misérable...
Moi ! Moi ! Jeté dans la boue... alors que je devrais vivre dans la soie !!
La... La belle vie... Demandez à Manon...
Manon ??!

Elle s'était esquivée ! Mais comme elle ne marche pas vite, je l'ai retrouvée quelques pas plus loin.
Elle connaît Jérôme !
Elle ne lui était pas inconnue, en tout cas. Ils se sont rencontrés, ça, c'est sûr et certain.
Il faut que je lui parle.
J'ai encore faim.
On ne nourrit pas une carcasse comme la mienne avec quelques petits pois jetés dans une soupe ! Il me faut de la viande, à moi !
De la viande, Sœur Angèle ?
Pas ce soir, mon Père, ils étaient prévenus.
Dans ce cas, acceptez ma gamelle. Je n'ai pas faim ce soir. Et pour la viande, nous veillerons à ce qu'il y en ait demain.

Ouais. Je prends. On m'avait prévenu que vous étiez une sorte de saint ! Les saints, ça ne mange pas, ça se contente de prier !
Mais enfin ! Vous adorez la soupe aux pois !
Justement. Un peu trop...
J'étais heureux de me mettre à table. J'y ai vu un signe. Un relâchement. La tentation dans un petit pois. Intéressant.
Il ne faut pas en vouloir à Thomas, mon Père. Il est en quelque sorte prisonnier de son apparence. Nous l'avons trouvé alors que sa mauvaise tête le poussait au pire. Sa force le dépasse et il en use mal...
Ah ! Notre sœur Angèle les défend bec et ongles, ses ouailles ! Cela fait plaisir à voir...
Sans doute. Vous vous laissez trop faire !
Cela reste à voir. Vous suivrez l'itinéraire du petit pois. C'est très intéressant. Le jour où il passera de la gamelle de Thomas à celle de son voisin, vous comprendrez que tout mène à la charité, même les petits pois...
Mon Père, j'ai l'impression que vous vous moquez !
Pas du tout ! Mais aussi, il ne faut pas toujours se prendre trop au sérieux. Le Seigneur ne demande pas que nous Lui présentions grise mine et longue figure. Il aime que l'on sourie...
Il aime que l'on soit heureux. C'est une manière de Le respecter que d'être heureux...

Aussi, le chagrin des hommes reste un fardeau qu'il nous faut combattre jour après jour. Car ce chagrin est trop réel, trop présent, trop pesant surtout. Je l'ai vécu encore avec notre pauvre Jérôme que j'ai assisté dans ses derniers instants...
Où... Où est-ce que je suis ?
À l'Hôtel-Dieu. On vous a couché, une sœur a lavé vos blessures. Que vous est-il arrivé, Jérôme ?
La belle vie... Elle était mienne et on me l'a retirée. Pourquoi ? Et mon argent ?... Il est où, mon argent ?
Quel argent ?... Vous n'en avez jamais eu, mon pauvre Jérôme...
Détrompez-vous. Je suis riche. Il me l'a dit. La Couture...
Maman !!!
Maman !
?!
Maman ...
Il est mort.
Que Dieu ait pitié de son âme. Il a bien souffert, il me semble.
Mais en empruntant des chemins que j'ignore...
14

Il était rare que monsieur Vincent enterrât l'un de ses protégés au cimetière des Innocents. Mais ce fut le cas, cette fois-là, pour Jérôme. Monsieur Vincent ne s'expliqua pas sur ce choix. Il suivait son humeur, semble-t-il, cet instinct qui le poussait droit sur la route...

Que ton âme repose en paix, mon ami. Cette paix qui bien souvent nous fait défaut.

Tout de même, je ne comprends pas. Pourquoi m'avoir emmenée ici, avec vous ? Je déteste les cimetières.
À ton âge, c'est bien normal. Mais cela ne devrait pas t'empêcher de saluer une dernière fois l'un de tes camarades.
Allons ! Il a cité ton nom. Vous vous connaissiez, c'est évident.
Lui, un camarade ? Vous n'y êtes pas !
Où l'as-tu rencontré ? Il avait de l'argent à te proposer ?
De l'argent ? Vous prêtez asile à des misérables qui possèdent de l'argent ? C'est nouveau.
J'entends d'ici grincer tes dents. Tu te forces, tu te retiens. Ou alors, c'est que tu as peur...
Peur ! J'ai peur de tout ! Vous n'avez jamais peur, vous ?
Oui. De moi. Jamais des autres.
Tu as dû rencontrer Jérôme alors que tu étais encore au service du chevalier d'Aubrac. Veux-tu que je lui pose quelques questions ? Je parie que ses dents à lui ne crisseront pas...

Mais... vous m'embêtez à la fin ! Ah... Si j'étais libre !
Mais... tu l'es.
Vraiment ?
Vraiment.
Bien. Dans ce cas, je vous laisse.
Ne vous inquiétez point. Elle n'ira pas loin.
!?
Jacques de Prémontal. Je vous dérange dans vos pensées. Veuillez m'en excuser.
Mais... je ne crois pas vous connaître, Monsieur.
De fait. Mais voyez... La demoiselle s'en revient déjà.
Si vous voulez me parler de Jérôme, je serai chez madame Thérèse.

Tiens donc ! Cette jeune personne connaissait Jérôme ?
!! Euh... Oui. Vous aussi ?!
Pas personnellement. Mais une dame dont je tairai le nom s'intéressait beaucoup à lui. Malheureusement, j'interviens trop tard. Je ne m'attendais pas à me retrouver au cimetière des Innocents.
D'habitude, ce n'est pas ici que vous enterrez vos ouailles. Vous êtes plus discret.
Je me méfie des habitudes. Elles mènent à la distraction. Au relâchement. Au temps perdu...
Et vous ne ménagez guère votre temps. C'est ce que me disait la veuve Poulaillon.
!! Vous... Vous avez rencontré Marie ?
Marie Lumague, une bien digne personne. C'est chez elle que j'aimerais vous conduire...
!! Maintenant !? Mais pourquoi ?!

Parce que vous l'écouterez. Mieux que moi qui n'ai pas encore gagné votre confiance.
Mais enfin, Marie, quels sont donc tous ces mystères ?
Hélas, mon Père, je ne puis agir autrement. Une de mes amies vit des moments très difficiles. Elle cherche de l'aide, mais ne veut point se montrer. Son nom ne le lui permet pas, la moindre imprudence déclencherait un scandale...
Ah ! Le monde des grandes dames, monde de secrets et de murmures. Nous n'arriverons jamais à le percer, cet abcès-là...
Je ne parle pas pour vous, Marie. De quoi, s'agit-il donc ?
D'une mère qui pleure son fils.
Exact. Sa mère ne pouvait le reconnaître. À sa naissance, elle le confia à de braves gens qui tenaient négoce près de Tours. Mais à sa douzième année, il les quitta pour rejoindre la capitale. Et plus personne n'entendit parler de lui...
Et ce fils, c'est Jérôme.
Paris. Un mirage qui en trompe plus d'un ...

Il y a deux mois, mon amie m'appelle pour m'entretenir d'une grande nouvelle : elle a revu son fils, Jérôme ! Un matin, il s'est présenté à elle, en son hôtel. Il semblait avoir appris beaucoup de choses et particulièrement au sujet de sa naissance.
Dans un premier temps, mon amie n'a pas voulu le reconnaître. Mais à une malformation observée au pied droit du garçon, elle s'est rendue à l'évidence, il ne mentait pas, c'était bien lui...
Sa mère aurait pu le repousser, nier ses allégations, mais c'était comme si une seconde chance lui était donnée, le cœur s'est brisé et elle reçut l'enfant avec tout l'amour qu'elle n'avait su lui donner jusqu'alors...
Le garçon lui confia qu'il avait trouvé refuge chez vous, mon Père ! Qu'il vivait à Saint-Lazare ! J'y ai vu un signe du ciel !
Méfiez-vous, ma pauvre Marie. L'enfer se pare parfois de couleurs bien trompeuses ...
Je vous rejoins là-dessus. Cette belle histoire, faite pour tirer les larmes, finira donc dans le sang et le meurtre. Et c'est ici que j'interviens...

La mère du garçon m'a demandé d'enquêter sur sa mort. Elle veut venger son enfant, punir l'assassin, c'est le devoir qu'elle s'est imposé pour réparer les fautes du passé.
C'est au Seigneur d'effacer nos fautes. Et Il le fait toujours de bon cœur. Je verrai à vous aider, Monsieur. Il faut que la lumière soit faite sur cette sombre affaire.
Marie, demandez à cette pauvre mère si l'argent dont disposait Jérôme, car il en avait, provenait de sa générosité. C'est important.
Cette dame que vous servez, dites-lui que je compatis à sa douleur. Je n'ai pas su protéger son enfant comme il convenait. Je prierai pour son âme.
Je vous laisse les prières, je me contenterai des faits.
Vous ne croyez pas, Monsieur ?
Si, à la médiocrité du monde, à la méchanceté des hommes, au crachat du peuple et à l'arrogance des puissants.
C'est beaucoup.
Il me semble.
Au Lion d'Or
Permettez-moi une première question. Comment Jérôme est-il arrivé à Saint-Lazare ? Vous vous en souvenez ?
Plutôt. C'était dans des conditions assez... particulières.

C'était il y a un peu plus d'un an. L'on m'avait prévenu qu'une échauffourée se préparait le long de l'enceinte du palais Cardinal.
Là où se dressait le camp itinérant du Bolpo, un gitan qui commandait une bande de va-nu-pieds et de voleurs à la tire...
Avant de repartir, le Bolpo, comme à son habitude, avait remis son titre, le pouvoir qui était le sien, en jeu. Il était prêt à affronter tous ceux qui voulaient prendre sa place.
D'habitude, c'étaient des gens de sa tribu qui tentaient leur chance sans ignorer qu'ils y risquaient leur vie car le Bolpo était sans pitié, il avait le goût du sang, du meurtre, de la destruction...

Mais cette année-là, un jeune garçon venu de nulle part s'était proposé pour l'affronter. Personne ne le connaissait, mais il semblait déterminé. Quelle chimère s'était emparée de son esprit...?
Il fallait être fou pour affronter le Bolpo. Ou alors ne plus tenir à la vie. Le combat allait commencer, des cris fusaient, l'adversaire du Bolpo semblait si jeune, si novice... Personne n'en eut pitié...
Mais le novice se montra surprenant et le Bolpo comprit qu'il devait prendre garde s'il voulait s'en sortir sans trop de dégâts.
J'avais été informé de ce combat par Rosalina, une des jeunes maîtresses du Bolpo. C'était la première fois que le Bolpo affrontait un étranger, un Français, et elle craignait que sa mort n'attire l'attention des autorités. En quoi elle n'avait pas tort...

Attendez ! Vous êtes en train de me raconter qu'une prostituée vous connaît et vous appelle lorsqu'un problème se pose pour ses compagnons ! Cette bande de malfaiteurs à laquelle vous n'hésitez pas à vous mêler ! Mais je rêve !
Méfiez-vous des apparences, Monsieur. Rosalina vit dans le péché, mais c'est au fond une bonne fille. Qui vous dit que son âme douce et pieuse ne retrouvera pas son chemin ? Dieu est plus fort que nos faiblesses. Et puis, elle l'aime, son Bolpo. Ce dernier pourrait d'ailleurs vous surprendre.
Je ne demande pas qu'il me surprenne ! Je demande qu'il gigote au bout d'une corde !
Ces bandes d'étrangers sont une plaie pour la ville. C'était aussi l'avis de monsieur Molé, le procureur général du Parlement de Paris pour qui je travaillais avant d'entrer au service de la mère de Jérôme ! Ah ! C'étaient les moyens qui nous manquaient pour en finir une bonne fois avec cette engeance qui pollue nos pavés !
Et puis, comment un homme de votre condition peut-il affronter ainsi, de face, le spectacle de cette barbarie ?!
Bonne question.

J'ai un passé qui m'a endurci. Dieu soit loué. La barbarie, la violence, les exactions, j'en ai aperçu la gamme et c'est là une vilaine partition que j'entends trop souvent chanter. Mais l'air ne m'effraie pas.
Je m'y arrête même, comme me l'indique le Seigneur qui, jamais, ne détourne la tête.
Essaie de te redresser, mon garçon.
Bolpo ! Y a ton adversaire qui se débine...
!!
Eh ! Le curé ! Tu me le laisses !! Il est à moi !
Je ne crois pas, non. Ce garçon est libre, il me semble.
Libre ? Je l'ai marqué ! Si je veux, je lui fracasse la tête !
C'est déjà fait. En partie, du moins.
Mais si c'est le goût du sang qui vous pousse, je peux prendre sa place.
Toi...?! Tu n'es pas de taille !

Je ne crois pas que ce soit cela qui vous intéresse. Ce qui vous intéresse, c'est de vaincre. Avec moi, vous n'aurez pas de problème. Ce sera même assez facile... On y va ?
Bolpo... Pas un homme d'Église... C'est jeter le mauvais sort sur nous...
Tu es courageux et je respecte ton courage. Tu peux t'en aller. Mais ne reviens jamais par ici.
"Jamais" est un mot dangereux à manier. Qui sait si, un jour, vous n'aurez pas besoin de moi...?
Vous êtes capable de clémence. Je ne vous oublierai pas dans mes prières.
Le garçon que nous avons sauvé, c'était Jérôme. Depuis, il est resté avec nous. En gardant sa part de mystère, je m'en rends bien compte à présent...
Un mystère auquel notre Manon pourra peut-être apporter certains éclaircissements.
Vous me permettrez de la voir seul à seule...
Vous êtes dans vos murs, mon Père. Je sais attendre.

Il veut t'entendre. J'espère que tu ne le décevras pas.
Ah ! Te voilà ! Entre. Je finis mes prières.
Vos prières... On me dit que vous priez beaucoup.
Disons que j'aime passer du temps avec Notre-Seigneur. Il est toujours de bon conseil.
Il était de bon conseil en vous poussant à accueillir Jérôme ?
Bien sûr. Je n'en ai jamais douté. Vois-tu, Manon, il faut avoir confiance en la Providence...
La Providence, c'est la volonté de Dieu. Il ne faut pas l'enjamber, aller trop vite. Il n'y a que la Providence qui puisse t'apporter la paix intérieure, cette confiance en soi qui est tellement nécessaire si l'on veut avancer dans la justice et la paix.
La justice et la paix, ce sont des leurres que l'on jette au peuple pour qu'il se taise et se fasse massacrer sur les champs de bataille. Pour le reste, je n'y entends rien, à votre Providence.
Jérôme, par contre... Il ne fallait pas être devin pour savoir ce qu'il attendait. Il est venu une nuit chez le chevalier...

Il voulait s'amuser, goûter aux vrais plaisirs de la vie, qu'il disait… Il avait déjà beaucoup bu. Et il n'était pas seul.
L'accompagnait un homme sinistre à la peau grêlée, qui semblait tout entendre mais ne participer à rien.
J'étais à la fenêtre. Je les entendais discuter. De ribaudes, de filles à prendre et à quel prix. Le chevalier négociait. Ils avaient de l'argent…
GRRRRRRRRRRRR
À un moment, le chien du chevalier s'est mis à grogner devant l'homme qui accompagnait Jérôme. Par peur ou pour l'éloigner ? Je n'aurais su le dire…
GRRRRRRR
Mais l'homme n'a pas bougé d'un pouce et le chien s'est mis à reculer.
Tout ce petit manège échappait à Jérôme qui titubait à certains moments et qui réclamait, pour la nuit, la plus belle des filles disponibles…

Et la plus belle, c'était toi ?
Il y a eu un temps où j'en aurais été fière. Depuis, je trouve que c'est une malédiction que d'allumer le désir dans les yeux des hommes...
La beauté est un cadeau de Dieu, Manon. Ne rejette pas ce don. Il est mal employé, tout simplement. Il faut du temps, parfois, pour saisir ce que le Seigneur attend de nous...
J'ignore ce que le Seigneur attend de moi, mais ce qu'attendait le client, ah, ça oui, ce n'était pas difficile à deviner ! Sauf que cette nuit-là, j'ai eu de la chance.
Jérôme est entré dans ma chambre, il a fait quelques pas et s'est écroulé sur mon lit. Il riait, il divaguait, mais n'était pas même capable d'enlever sa chemise. La boisson l'égarait, il a sorti de l'argent de sa veste, des pièces ont roulé au sol...
Et que tu as ramassées ?
Il ne s'en est même pas aperçu. Très vite, il s'est endormi et il a ronflé toute la nuit.
Et tu es restée à ses côtés, à bayer aux corneilles ?
Tu lui as fait les poches ...
Que voulez-vous dire ?
Ben, dites donc, pour un curé, vous en devinez, des choses...
Ce n'est pas difficile. Et qu'as-tu trouvé ? Car tu as trouvé quelque chose, n'est-ce pas ?
Oui. Un mouchoir. De la plus fine batiste. Un mouchoir de femme.
Et... tu l'as sur toi ?

Le voici.
Manon l'avait conservé dans son sac.
Deux initiales s'y trouvent brodées.
Dites-moi si je me trompe, mais il semble que ce mouchoir appartienne à Anne d'Entragues.
C'est elle, la mère de ce pauvre Jérôme ?
Je ne peux pas vous empêcher de le penser.
Anne d'Entragues... Une bien grande dame. Je comprends mieux à présent la discrétion qui entoure cette affaire.
Vous direz à cette pauvre mère que l'argent dont disposait son fils l'a probablement mené à sa perte. Il n'en faisait pas mystère. Sans doute a-t-il éveillé bien des convoitises...

Mais je vais en savoir plus !
Antoine ! Préparez-vous ! Nous allons chez monsieur d'Aubrac.
...! Encore ?
C'est lui faire beaucoup d'honneur ! Et qui vous dit qu'il n'est pas occupé à dépenser votre argent en quelque bouge infâme ?!
L'argent est à lui. Il en fait ce qu'il veut.
Cependant, nous pouvons le conseiller. Mais retrouvons-le d'abord...
!?
Je veux bien vous entendre, mon Père. Mais j'ai un duel à mener, vous comprendrez donc mes priorités. Il s'agit de rester debout.
C'est tout ce que je vous souhaite. À vous et à votre adversaire.
Car je réprouve les duels, Monsieur. Quelle vilaine manie pousse donc la jeunesse de France à affronter ainsi la mort pour des peccadilles ! Ou de l'honneur mal placé.
Des peccadilles ! Mon adversaire me réclame depuis des mois huit cents livres que je compte bien garder dans mes poches !

Je ne vais pas me laisser truander par le premier venu. J'ai quelques ressources, au cas où vous ne l'auriez pas remarqué...
De fait !
Dites, Chevalier, mon œil fatigue. Bientôt, je n'y verrai plus. Il est temps de se mettre à l'ouvrage.
Vous avez raison...
Et donc ?
J'y vais. C'est la cinquième fois que j'affronte mon adversaire qui me conteste des droits sur un excellent emplacement près du marché aux chevaux.
Cinq fois que je tente de le toucher. Mais il ne s'appelle pas "Le Fil" pour rien. Lorsqu'il se place de profil pour m'affronter, c'est à peine si je le distingue sur ma ligne d'horizon.
Mais il me vient une idée. Priez le bon Dieu que je l'emporte enfin. Et les huit cents livres sont à vous.
!?!
Mais... Il est hors de question d'accepter !!
Ce serait pourtant une bonne affaire.

Messieurs, vous êtes prêts ?
Prêt.
Prêt.
BZZZZ
?!
BZZZZZZZZZ
Sale bête !
Feu !
PPAAAW
WOOO
OUHHH
!!
Il l'a touché !!!!!
Ah bon ?

Bravo, Chevalier ! Vous l'avez atteint au bras. Il ne pourra plus tirer avant longtemps ! Je crois qu'il reconnaît sa défaite.
Antoine, vois si ce pauvre homme n'a pas besoin de nous.
J'y vais. Mais reconnaissez, mon Père ...
... que les voies du Seigneur sont impénétrables.
Amen.
Après tout, qui sait, peut-être que vos prières lui ont sauvé la vie ?
Et votre âme par la même occasion.
Vous vouliez me voir. En quoi puis-je vous être utile ?
Pas à moi. Mais à une demoiselle ...
Manon.
Oui ?
Elle a accueilli une nuit dans sa chambre un jeune homme qui s'appelait Jérôme.
Le gamin qui avait trop bu ? Je m'en souviens. Il a payé cher le privilège de cuver son vin sans toucher à rien.

Ce pauvre garçon a été assassiné. Je cherche à en savoir plus car il était sous ma responsabilité et je n'ai pas réussi à le protéger comme il convenait.
Le protéger de lui plus que des autres.
Des autres ?... Il n'était pas seul. Se tenait à ses côtés un homme bien laid qui puait la mort. Je m'en souviens. Il avait un nom curieux... mais dont son visage marqué, vérolé, s'accommodait parfaitement...
La Couture !... Voilà que ça me revient !
Le genre d'homme qui porte le Diable sous son masque de peau.
Alors, mes vaillants ?... Prêts pour la chasse ?... Le gibier est levé ?...

Drôle de gibier. Un curé. Une soutane.
Ouais ! Et pas n'importe quel curé ! On dit qu'il écoute les nôtres, la guenille, les marauds.
Que le cœur de la ville bat sous ses semelles.
Holà ! Doucement, mes mignons ! Je vous tiens dans ma main, ne l'oubliez pas. Je peux la refermer et vous broyer dans son étau.
On ne l'ignore pas. Nous serons trois. Dites-nous où l'on peut retrouver votre homme et l'affaire sera réglée.
Bien ! Voilà une pensée virile comme je les aime.
Ah ! Ma maudite cuisse ! Elle me fait souffrir à nouveau !
Nous sommes mardi. Il va se rendre chez la mère Offart. Elle recueille des gamines qui battent le pavé. C'est dans le quartier des Halles.
Tu boites, le curé ?
!?

Tu ne pourras donc pas t'enfuir...
M'enfuir ? Pourquoi ?
Hé bé ! Non seulement tu boites, mais en plus, tu es aveugle... On ne te veut pas que du bien, le curé ! Possible même qu'on songe à te trouer la peau...
Je vous ai donc offensés ? ... Je l'ignorais.
Si je peux réparer mon erreur...
!?
!! Ton erreur ?!
Ton erreur, c'est de vivre, curé !
Tu oses ?!!
Tu oses porter la main sur cet homme ?!
Thomas !! Mais...

À trois, bande de lâches ! Vous vous y êtes mis à trois !
Sauf qu'il n'en reste plus qu'un !
Toi, je vais te broyer les os !
Je... je ne voulais pas.
Arrête, Thomas. Il a compris.
Compris quoi ?
Qu'il... qu'il fallait pas l'écouter, qu'on... qu'on touche pas à la soutane !
De qui parles-tu ?
De... De La Couture, notre maître.
!! La Couture ?! Dieu du ciel !!
Quoi ?!... Vous le connaissez ?
On m'en a déjà parlé. J'aimerais en savoir plus à son sujet.
Tu entends ?
Je... Je ne connais pas son vrai nom... Mais un jour...

... je l'ai vu sortir de l'hôtel d'Entragues. Il semblait connaître les lieux.
C'est bien. Je crois avoir compris. Tu peux le relâcher, Thomas.
Z'êtes sûr ?
Mon ami, si j'ai un conseil à te donner, c'est de t'éloigner au plus vite de ce maître qui te conduira à la potence, sois-en certain.
Me... Merci, mon Père. J'oublierai pas.
C'est pas une bonne idée de les laisser filer...
Il faut leur donner une chance, Thomas. Ce n'est pas à nous de les juger...
D'ailleurs, regarde : il a du cœur... Il n'oublie pas ses compagnons.
Mouais...
Mais toi, est-ce le hasard qui t'a fait surgir si providentiellement ?
Ben, je vous cherchais... Vous vous souvenez du Bolpo ? C'est lui qui m'envoie...

Le Bolpo ! Oui... Je... Je l'ai croisé il y a plus d'un an. Mais depuis, je ne sais ce qu'il est devenu.
J'appartenais à sa bande, jadis. Il a reçu un mauvais coup de couteau. Il va mourir ...
Il a souhaité vous revoir... avant de passer l'arme à gauche. Ça en a surpris plus d'un, mais les ordres du Bolpo ne se discutent pas. Alors...
Tu as bien fait. J'écouterai ce qu'il a à me dire... Mais quelle est cette foule ?
Des gens comme moi. Qui crevaient de faim. Et à qui le Bolpo a donné du travail...
40

Un travail qui consiste...?
À voler, piller et tuer. Comme à la guerre. Une autre guerre. Celle des villes.
Ha ! Le curé... Avancez... J'ai gardé une place libre pour vous. Juste en face de moi...
Une assiette pour Monsieur le Curé ! Il doit avoir faim.
Pas vraiment. Mais un verre de vin, je veux bien.
De la viande ! J'veux de la viande !!
Quand je vous disais... Les petits pois font pas l'affaire...

Y me faut de la viande !
Bas les pattes, la canaille ! Ou je te coupe la main !
TCHAKK
De la bidoche, y en a. Regarde...
Et moi ?!
Moi ! Moi !
Hé ! C'est à moi d'être servi !
Eh oui, le curé ! C'est ça, la grande misère. Le couteau qui se plante dans le ventre pour un peu de nourriture...
Et toi ? Qu'est-ce que t'attends pour partager ?
Comment ça, vide ?! Y a plus rien ?
Tu nous as oubliés ?!
Faudra me passer sur le corps avant !
Lâche-moi !
!!
Ta blessure s'est rouverte ...
Ne t'inquiète pas, ma belle ! Je tiendrai...

Le temps que Monsieur le Curé reçoive ma confession.
C'est ma douce Rosalina qui m'a poussé à te revoir. Elle prétend que cela me fera grand bien de te parler juste avant que je ne crève...
Je veux que tu le saches : je ne regrette rien. Regretter, c'est céder, et je n'ai jamais cédé car je tenais la meilleure place et je ne l'aurais lâchée pour rien au monde...
Alors oui, comme tu me vois, je suis prêt à affronter le Diable, car je ne me fais aucune illusion, faudra payer l'addition et elle sera salée !
Laissez le Diable à ses grimaces et ses mensonges. Ce n'est certainement pas lui qui vous a inspiré le désir de me voir...
C'est le bon Dieu qui vous recevra. Lui qui vous a donné une vie unique, précieuse, comme toutes les vies.
Ma vie est pourrie jusqu'à la moelle, curé. Je ne vois rien de précieux là-dedans. J'ai pillé, tué, truandé ! Sans regrets et sans remords ! Et si les gens me prennent en pitié, je leur crache dessus !!

Quoi !? Tu me traites de lâche ?!
Oui. Les regrets et les remords, c'est dur à affronter. Il faut beaucoup de courage pour cela.
Qui suis-je pour vous traiter de lâche ? Moi qui, chaque matin, peine devant la tâche à accomplir... Moi qui renoncerais si je ne trouvais mon soutien et ma force dans la prière. Moi qui cède à la fatigue quand il faut aller de l'avant...
Car il faut toujours aller de l'avant, ne jamais s'arrêter...
Jusqu'à ce que le bon Dieu vous rappelle à Lui.
Et tu crois qu'Il écoutera un gueux comme moi ?! Un gueux qui pourrait Lui faire les poches...
Elles sont vides. Il vous a déjà tout donné.
Je suis à toi. Le temps de boire un peu de ce vin qui semble délicieux.
Je... Je crois que le temps est venu de partir...
Du vin ! Ouais ! J'ai soif !
Ma coupe ! Qu'on remplisse ma coupe !!!
J'ai la langue qui sèche !!!
Qu'on perce les tonneaux ! C'est fête !!

C'est fête. J'oubliais...
Je veux me confesser. Tu me donnerais l'absolution, curé ?
Absolument.
!!
Et vous l'avez entendu ?!
Longuement.
À la fin, il a ricané, puis a poussé un soupir... J'ai recueilli le soupir, je n'ai pas retenu le ricanement. Le bon Dieu ne s'arrête pas aux grimaces. Et nous en faisons tous...
En passant, j'ai cru apercevoir monsieur de Gondi.
De fait. Il nous quitte, ayant terminé sa retraite.

Sa présence, à chaque fois, est une bénédiction pour Saint-Lazare.
Les Gondi, cette glorieuse famille, nous ont tant aidés. Sans eux, qui sait si le chemin n'eût pas été plus rude encore ? Je leur reste dévoué, en tout cas.
À vous, Monsieur le Supérieur général, je ne cacherai pas la vérité, je sors d'ici avec de nouvelles résolutions.
"Monsieur le Supérieur général" ! Votre père m'appelait monsieur Vincent.
Je ne crois pas qu'il y ait au monde un meilleur cœur que celui de mon père. Sa vertu reste un exemple pour notre famille. Une vertu dont je ne dispose point, hélas...
Mes défaillances ne sont pas les siennes. Et je me trouve bien faible à lutter contre mes démons. Ce n'est pas que j'abandonne la lutte, mais le mal s'est logé du côté des racines. Il y a des profondeurs qui épouvantent.
Ainsi je vais, du péché à la dévotion. Cela donne un méchant boitement de l'âme qui me révolte parfois. Si je devais dresser mon portrait, je crains qu'il ne soit grinçant aux yeux de beaucoup.

Parfois, la vie me pèse ou plutôt elle me semble étroite tant je me débats. Il n'y a qu'à vous que je me confie, mon Père. Le monde, lui, me juge des plus raisonnables. Alors que je suis méchant pour moi-même.
Méchant, Monseigneur ?
La luxure, Monsieur. Un mouvement du sang que je ne puis et ne veux réprimer. Je compte m'y abandonner, cela sera plus reposant.
Les luttes du cœur fatiguent. Celles de l'esprit me sont plus douces. Il faut tout de même que je me ménage.
Vous devez me juger perdu pour le royaume de Dieu, Monsieur...
Qui suis-je pour juger Monseigneur ? Dieu seul y voit clair dans ce qui nous embrouille parfois.
Mais je manque à mes devoirs. Je ne vous ai point demandé des nouvelles de votre santé. L'on me dit qu'elle vous donne quelques soucis.
Mes jambes me font souffrir parfois, et il arrive que de méchantes crises de fièvre tierce m'obligent à rester couché. Mais il n'y a là rien de bien grave...
Oui, même mort, vous prétendrez encore qu'il ne faut pas s'inquiéter, que cela passera.
Si Dieu me permet le repos, Monseigneur, je crois que je l'accepterai sans discuter.
Ce qui m'a longtemps accablé, ce sont mes humeurs noires, ces maudites colères que je ne pouvais toujours réprimer. Mais cela va mieux. Le Diable s'éloigne à force de prières. Les prières, Monseigneur, tout est là.

Je ne sais si je prierai souvent, Monsieur, mais dans ma famille, l'on n'oublie pas le père Vincent de Paul qui tant nous a apporté sur le chapitre de la foi et de la charité. Je penserai à vous quand le Diable se fera trop pressant.
Et il se fera pressant, hélas !
De fait. Jean-François Paul de Gondi connut une destinée bien tourmentée. Le futur cardinal de Retz, auteur d'illustres Mémoires, allait connaître gloire et vicissitudes, les tourments de la Fronde, les tenailles de l'ambition et les hauteurs d'un style digne du Grand Siècle. Monsieur Vincent ne l'oublia jamais dans ses prières.
Décidément, seigneurs ou truands, petit peuple ou haute noblesse, le père Vincent ne fait pas la différence.
Du moins dans son cœur car, pour les usages, il faut reconnaître qu'il les respecte. Ce n'est pas un homme en révolte. Il convainc d'autant mieux. Je dois prendre garde à ne pas m'y laisser prendre...

Le père Vincent ? Vous le trouverez dans les jardins.
Mais il est occupé !
Je n'ai pas le temps d'attendre, ma sœur.
Vous êtes épuisée, ma bonne Clotilde. Méfiez-vous. C'est une ruse du Diable pour tromper les bonnes âmes, que de les inciter à faire plus qu'elles ne peuvent afin qu'elles ne puissent plus rien faire.
Mais, mon Père, c'est pour Dieu que je me mets en peine !
Ce n'est plus pour Dieu que vous vous mettez en peine, ma fille, si vous peinez pour Le servir !
N'enjambez pas sur la Providence, mes sœurs. Répondez aux appels pas à pas, en vérifiant si Dieu accompagne votre marche. Et de grâce, ne perdez jamais en chemin votre bonne humeur et vos rires. Vos rires sont aussi importants pour les pauvres que le pain que vous leur donnez.
Vous venez prier en notre compagnie, Monsieur ?
Je vous l'ai déjà dit, mon Père. Je ne crois pas aux prières. Ni au bon Dieu ni au Diable.

Juste en l'homme et son inépuisable méchanceté.
Prenez garde, Monsieur. La méchanceté est souvent une souillure qui recouvre bien des fragilités. Voire de meilleurs sentiments.
Cela est naïf, mon Père. Avec de telles paroles, vous éviteriez la potence au pire des meurtriers.
La potence fera son travail, Monsieur. Moi, je ferai le mien.
Mais ce n'est pas pour parler de potence que vous venez me voir.
Non. Quoique. L'on vous a agressé, à ce que j'ai appris.
Oui. Et l'incident...
!! L'incident !!
Ne lui donnons pas plus d'importance qu'il ne le mérite.
L'incident nous ramène vers l'hôtel d'Entragues. Et vers cette dame que vous protégez, qui pleure son fils. Je veux parler d'Anne d'Entragues. J'aimerais la rencontrer.
Soit. Je demanderai à Marie Lumague d'assister à la réunion. On ne pourrait mieux vous introduire. Je suppose que le plus vite sera le mieux.

Je le pense, Monsieur. Les moments pénibles, il faut les purger au plus vite, sinon ils finissent par vous corrompre le sang. Et l'entendement.
Et cet homme qui désirait votre perte, vous dites qu'il s'est introduit dans mon hôtel ?!? Je ne puis le croire ! À quoi ressemblait-il ? En avez-vous idée ?
Un homme à la peau vérolée. On le surnomme La Couture.
!!
La Couture ?! Ce... Ce n'est pas possible !!
Connaissez-vous cet homme, Madame ?
Je ne suis pas en mesure de vous répondre présentement. Il me faut un peu de temps. Je... J'ai besoin d'entrer en moi-même.

N'hésitez pas, Madame, à m'appeler si vous avez besoin de mon aide. Elle vous est acquise.
Je n'en doute pas, mon Père. Et je vous en remercie.
Non, Monsieur de Prémontal, vous restez.
Je vous reverrai, mon Père.
Je reste à votre disposition, Monsieur.
Ah... Rien de bon ne sortira de cette entrevue.
Comment cela, Marie ?
Eh bien ?
Ce... Cet homme... du nom de La Couture...

... il est au service du duc d'Entragues, l'époux de Madame.
On n'avance plus !
!!
Que se passe-t-il ?!
La carriole d'un marchand s'est renversée. Sa volaille s'égaille sur la chaussée.
Que m'importe ! Lancez les chevaux !

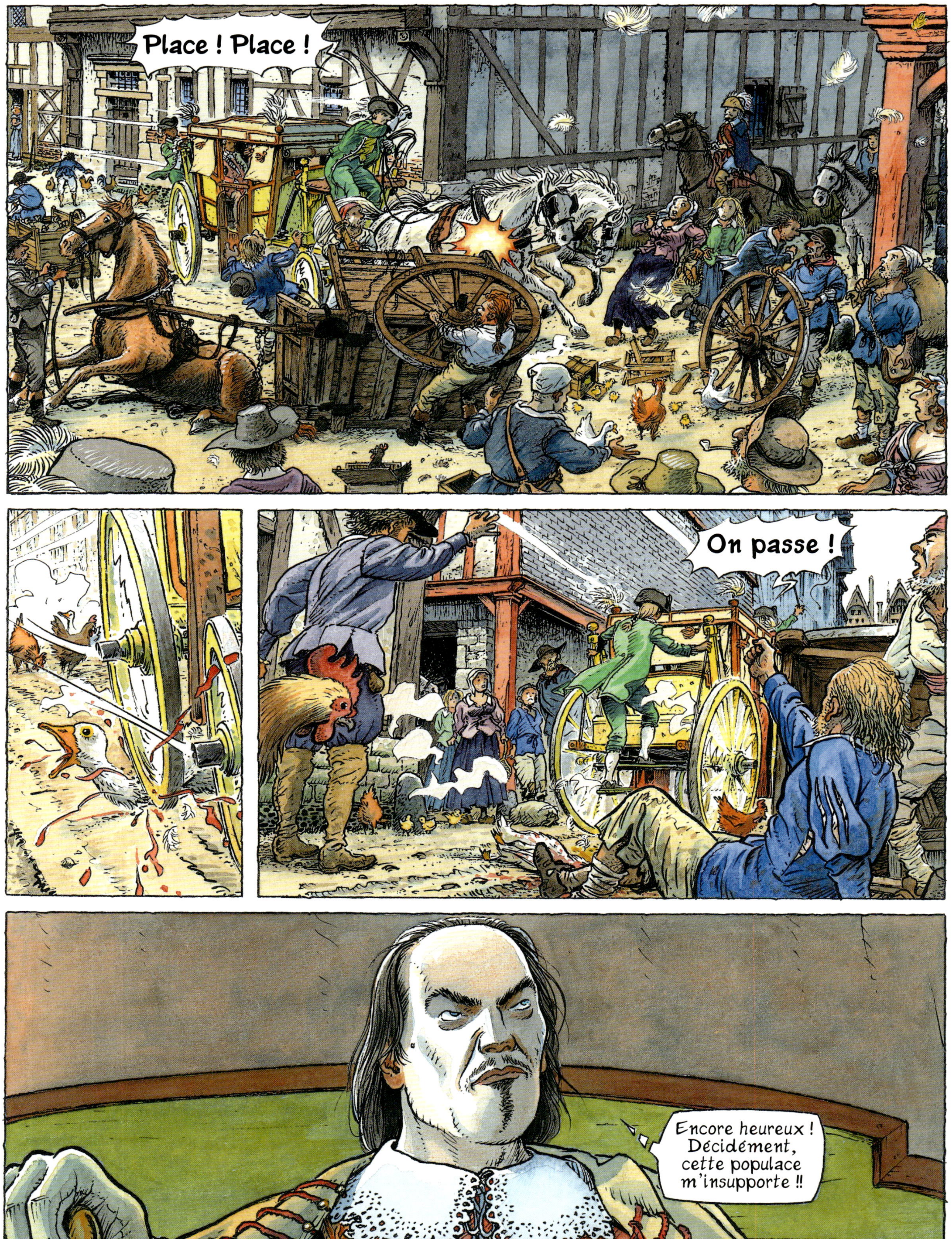
Place ! Place !
On passe !
Encore heureux ! Décidément, cette populace m'insupporte !!

Le duc rejoignit enfin son hôtel où il ne s'était pas montré depuis plusieurs jours.
À peine mit-il pied à terre qu'un domestique s'approcha.
Madame attend Monsieur le Duc.
?! Chez elle ?
Dans le petit salon.
J'étais présent. Madame d'Entragues m'avait demandé de me retirer derrière une tapisserie d'où je pouvais surprendre leur conversation.
À dire la vérité, j'aurais préféré ne point être présent.
Et moi, je vous répète que je veux entendre cet homme, La Couture. Vous l'employez à de bien basses besognes, à ce que l'on me dit. J'aimerais comprendre en quoi consistent ces basses besognes.
Voyons, Madame, vous vous tournez les sangs pour rien. La Couture m'évite les mauvaises rencontres lorsque je me déplace dans Paris, voilà tout.
Vous le recevez souvent dans vos appartements ?

Eh bien ...
Ne mentez point, Monsieur !!
Parfois, mais... je ne vois pas ce qu'il y a là de répréhensible...
De répréhensible ? Je le saurai, Monsieur, quand j'aurai parlé à cet homme. Je demanderai à monsieur de Prémontal de le trouver si vous ne voulez pas me l'amener vous-même.
!!
De Prémontal ?!?
C'est un ami de la famille. Il a toute ma confiance.
À présent que la messe était dite, il me fallait jouer mon rôle. Je craignais le pire...
Le pire arriva. Il me suffit de suivre monsieur d'Entragues et d'assister de loin aux préparatifs effectués pour la pièce qu'il voulait jouer le soir même.
Aux dépens de l'homme que nous recherchions. Visiblement, La Couture ne se doutait de rien...

Un instant ...
!?
Mes amis, avez-vous remarqué combien cet homme est laid ? On dirait un crapaud. Et il a osé nous croiser sans même baisser les yeux.
Oui. Il nous doit quelques excuses pour sa laideur.
Des... Des excuses ?!
À y bien songer, je trouve notre homme trop déplaisant pour respirer en compagnie humaine.
N'allez pas trop vite en besogne, Messieurs. N'est pas toujours le plus repoussant celui auquel on pense...
?
!!
Nous nous chargeons du crapaud. Vous pouvez poursuivre votre chemin.

Envie de mordre, le Cardinal ?
GRRRRRRR
Allons, mes amis ! Pourquoi hésiter ? Nous sommes trois. Ils ne sont que deux.
Deux ? C'était compter sans le Cardinal !
J'avais été bien inspiré de demander l'aide du chevalier d'Aubrac...
... fine lame s'il en fut !
Je mis un peu plus de temps ...

... mais je parvins également à blesser mon adversaire.
Quant à La Couture, il tenta bien de s'esquiver...
... mais le chevalier ne lui en laissa pas l'occasion.
Ho, le crapaud !! Tu restes avec nous !!!
Le temps de quelques explications qui éclaireront ta lanterne.
Qui ? Qui vous a donné l'ordre de vous attaquer à cet homme ?
Notre capitaine. À... À la demande de monsieur le Duc.
Quel duc ?
M... Monsieur d'Entragues.
?!!

Je vous avais prévenu, Monsieur. Cet homme, La Couture, a tout avoué. Vous vouliez vous en débarrasser afin qu'il ne puisse témoigner de vos ignominies.
Holà, Madame ! L'accusation est rude ! De quoi parlez-vous ?
Je parle de mon fils, Monsieur. **De mon fils que vous avez tué !!**
Ah oui. Le bâtard.
Vous devriez me remercier, Madame. Je vous ai débarrassée d'un poids qui devenait bien encombrant. Ce Jérôme, pour lequel vous vous découvriez des tendresses bien tardives, est venu me voir...
Vous lui donniez de l'argent, mais il semblait que ce n'était point assez. Ce misérable s'imaginait quelque vie fastueuse à sa portée. Quelle comédie, n'est-ce pas ? Un bâtard ne gêne personne tant qu'il sait se tenir.
Mais ce misérable osa me faire chanter, menaçant de dévoiler votre faute au grand jour, me couvrant ainsi de ridicule en révélant que j'avais épousé une... une...
!!
Prenez garde, Monsieur ! Vous vous égarez !!
Disons que je me laisse emporter par une juste colère. C'est ainsi que vous traduirez mon acte, Madame, une juste colère. Et nous en resterons là.
Et ainsi fut dit. Le duc quitta là son épouse, sans manifester le moindre remords, le moindre regret. Il avait fort à faire aussi. Ses pauvres l'attendaient en l'église Saint-Leu, où il avait ses habitudes.

Le 12 mai 1643. Sur la suggestion d'Anne d'Autriche et avec le consentement de son confesseur, le père Dinet, Louis XIII appelle Vincent de Paul à son chevet à Saint-Germain-en-Laye. Le roi de France se mourait dans d'atroces souffrances, mais avec une fermeté spirituelle qui lui prêtait, en ces jours derniers, une grande paix de l'âme, alors que son corps n'arrêtait pas de pourrir, de s'émietter...
Toute mort se prépare. Le Roi ne l'oublia point.
Les guerres, mon Père ? Elles sont inévitables. Est-ce par orgueil, est-ce folie ? Je l'ignore, mais ce que je sais, c'est que je n'avais guère le choix. Un roi se doit de refuser l'humiliation, le repli. Ce n'est qu'en imposant sa volonté, son goût des victoires qu'il s'accomplit, qu'il accomplit le destin de son pays.
J'en suis conscient, mon Père. C'est un prix effrayant, pour la gloire d'un roi et de son État, que le sang versé de son peuple.
Cela, je ne le conteste point, Sire. Mais je déplore ce qui s'ensuit : le cortège des mourants, des blessés, des estropiés. Paris en est rempli, qui agonisent lentement et durement sur le pavé...
Las ! Je ne puis enlever les taches qui déparent le tableau. Douleur accompagne la vie. J'en sais quelque chose. Si puissant que je sois.
Et ne voilà-t-il pas que l'on veut me donner du bouillon ! Comme si cela pouvait me rendre des forces...!

Pour vos médecins, tant qu'il reste un souffle de vie, il reste de l'espoir. Voilà pourquoi, s'il plaît à Votre Majesté, il faut accepter le bouillon qu'on Lui propose.
Vraiment ...?
Vraiment, Sire. Un bouillon, des petits pois, ce sont les choses simples qui vous arriment à la vie.
Bien. Cela me convient, de finir avec la nourriture des pauvres...
Des pauvres que nous n'oublierons pas, mon Père. Et puis, je voulais vous demander...
... de ne point m'oublier. Je veux vous confier mon âme. Car elle aura bien à débattre. Vous me guiderez dans la voie de la perfection.
La perfection n'est guère de ce monde, Madame. Mais l'on peut y aspirer. C'est déjà là une grande ambition. Bien digne de Votre Altesse.
Cette perfection qui est pourtant la vôtre, mon Père.
Détrompez-vous. Mes faiblesses sont nombreuses et tenaces. Mais la prière me permet de les tenir à l'œil lorsqu'elles s'agitent.
C'est bien là la difficulté. Le Mal s'agite sans cesse. Mais nous le combattrons jusqu'à nos dernières forces.
!?
Vous ici, mon Père...?!
Le hasard fait bien les choses ! Je vous cherchais...

Avez-vous appris, pour monsieur d'Entragues ?
Ce que vous m'en avez dit. Le pauvre homme...
Eh bien, ce pauvre homme vient d'être poignardé au seuil d'une église par un maraud qui semblait nourrir à son égard bien des rancunes. Vous devinez de qui il s'agit...
!!
La Couture ?!?
En personne. Finalement, justice est faite !
La justice des hommes, Monsieur. C'est au Seigneur de pardonner, à présent. Il le fera, Il le fait toujours. Il suffit de le Lui demander.
Pardonner ! Le grand mot !! Vous me permettrez de le trouver un peu facile ! Moi, le pardon, c'est au bout de ma lame que je l'accorde.
Je ne veux point vous convaincre. Cela viendra de l'intérieur car vous ne manquez pas de qualités, Monsieur. À votre sujet, je n'ai point d'inquiétudes.
?
Que veut-il dire par là ? Mais ma parole... il croit m'avoir converti par ses prêches !
Le chevalier resta sur ses positions, qui lui semblaient fermes.
Le temps passa.
Il y eut la mort du Roi.
La Fronde se préparait.
Bien des vicissitudes s'abattirent sur le royaume de France.
Madame d'Entragues respecta une douleur qui la tint éloignée du monde, mais qui la rapprocha de Saint-Lazare.
Elle prit à son service la jeune Manon, qui lui convint parfaitement.

Tandis que, sans relâche, monsieur Vincent, entouré de femmes toutes dévouées à son action, poursuivait son œuvre...
... que devenait monsieur de Prémontal ? Nous l'apercevons une dernière fois, au seuil de l'hiver, alors qu'il venait de perdre une somme rondelette au jeu et qu'il se sentait de bien méchante humeur...
Il emprunta les quais pour rentrer chez lui. Ne prêtant point attention aux miséreux qui semblaient faire partie du décor tant ils s'y étaient incrustés.
Peste ! Mes poches sont vides !
Mon petit a froid...
Prémontal était vêtu d'une cape rouge qui le tenait au chaud. Songea-t-il à monsieur Vincent ? En tout cas, il n'hésita guère...
La cape se retrouva sur les épaules de la mère serrant son enfant.
Et Prémontal s'éloigna sans un mot. On ne le revit plus.
Fin
Dufaux & Jamar, 6.6.2016
64

LE TEMPS DES MOUSQUETAIRES ET LE «SIÈCLE DES SAINTS»

La France du «premier XVIIe siècle»

Le héros de cette aventure a vraiment existé. On le connaît aujourd'hui sous le nom de saint Vincent de Paul ; c'est un grand personnage de l'histoire de France et de l'histoire de l'Église. Il vivait au XVIIe siècle, cette époque que les historiens appellent «le Grand Siècle», en pensant d'abord à Louis XIV, le Roi-Soleil, qui a régné avec beaucoup d'éclat dans sa seconde moitié. Vincent de Paul (1581-1660) n'a pas connu le règne personnel de Louis XIV, il appartenait à la génération précédente. Mais l'époque de Vincent est passionnante aussi. Il s'y est fait de grandes choses, au milieu de bien des malheurs.

En 1643 – date où se situe l'histoire de Jean Dufaux et de Martin Jamar –, c'est le roi Louis XIII qui règne en France, avec à ses côtés, depuis près de vingt ans, un grand ministre, le cardinal de Richelieu. Dans son roman *Les Trois Mousquetaires*, Alexandre Dumas a quelque peu chargé le portrait de Richelieu, faisant de lui un homme inquiétant et dur. Mais il est vrai que beaucoup de gens craignent le cardinal, surtout parmi la noblesse. Car Louis XIII et Richelieu ont entrepris de construire un État moderne, mais les nobles tiennent à leurs libertés anciennes, ils rechignent à obéir. L'époque est donc pleine de complots, de révoltes, de prises d'armes – que l'État punit sans pitié. Mais c'est aussi une époque remplie d'idéal et d'enthousiasme. On est étonné aujourd'hui par les contrastes de cette première moitié du XVIIe siècle, très violente et impitoyable par certains côtés, magnifique de générosité et de beauté par d'autres.

Du côté de la violence et de la dureté, il y a les guerres. La guerre de Trente ans (1618-1648), d'abord. Au début, elle se déroule seulement sur le territoire de l'Empire des Habsbourg, mais à partir de 1635, la France est en guerre ouverte avec l'Autriche comme avec l'Espagne. Alors, plusieurs régions de France sont envahies par les armées : la Lorraine, la Picardie, la Champagne... Chaque jour apporte son lot d'atrocités, de misères, de souffrances. En 1648, les traités de Westphalie mettront fin à la guerre avec l'Autriche, mais tout ne sera pas terminé pour autant. Le conflit continuera avec l'Espagne, jusqu'au traité des Pyrénées en 1659. De plus, au tournant des années 50, une guerre civile, la Fronde (1648-1653), mettant notamment Paris à feu et à sang, s'ajoute aux malheurs. Au moment où la Fronde éclate, c'est la reine Anne d'Autriche qui gouverne la France, avec l'aide du cardinal Mazarin, successeur de Richelieu. Anne d'Autriche est devenue régente à la mort de son mari Louis XIII le 14 mai 1643, leur fils Louis XIV étant encore un tout jeune enfant.

Pour faire la guerre, il faut de l'argent. Le peuple est écrasé d'impôts. Les pauvres sont nombreux, et les mauvaises récoltes, les famines sèment aussi la misère. On voit en ce temps-là de grandes révoltes éclater dans les campagnes, comme celle des Croquants, en 1637, qui est restée célèbre. Les châtiments de l'État sont terribles. Partout, la violence règne.

Mais cette première partie du siècle déborde aussi de générosité, d'héroïsme, et elle a le goût du beau. On a pu appeler ce temps «le siècle des saints», car il se lève alors en France un grand vent de ferveur, de piété, de charité, celui de la «Réforme catholique», active aussi ailleurs en Europe. Après les terribles guerres de Religion du XVIe siècle, tout est à reconstruire, mais on est prêt à le faire avec cœur. Les Français s'enthousiasment à l'idée d'aller prêcher l'Évangile jusqu'au Canada, malgré les périls de la mer ! On n'en oublie pas pour autant de se soucier des plus proches.

La culture française de l'époque est brillante. Le public aime le romanesque, les histoires poétiques, les exploits, la gloire. On a la passion du théâtre : c'est l'époque des pièces de Corneille et, en 1637, tout Paris court voir *Le Cid*. De grands peintres enchantent la vie : Georges de La Tour, Poussin, Philippe de Champaigne... On philosophe aussi : Descartes fait partie de cette génération. On danse beaucoup, la mode des ballets fait fureur à la cour comme à la ville. Et les gens de goût, le roi en tête, se passionnent pour la musique : violons, hautbois, luths charment les soirées. Enfin, on prend un grand plaisir à l'art de la conversation. Dans les salons, comme celui de la marquise de Rambouillet à Paris, on aime parler de choses intéressantes, de façon élégante, avec de bons amis. C'est à cette époque que Richelieu fonde l'Académie française (en 1635), pour veiller à la qualité et au rayonnement de la langue.

Paris au temps de Louis XIII
Une ville et des personnages hauts en couleur

À quoi ressemble alors Paris ? D'abord, c'est une très grande ville. À l'époque, l'immense majorité des gens vit à la campagne et aucune ville de France ne dépasse 60 000 habitants. Or les historiens estiment que Paris comptait alors 230 à 250 000 habitants ! C'est aussi la plus grande agglomération d'Europe, et une capitale intellectuelle, avec son quartier de l'Université et ses collèges réputés sur la rive gauche de la Seine, où se pressent des étudiants venus de toutes les provinces et de l'étranger. Paris est aussi un foyer spirituel important : on trouve partout des abbayes, des monastères, des couvents. Il y a près de quarante paroisses.

Comme toutes les villes de l'époque, Paris est entouré de remparts, où se dressent tours de guet et tourelles. Dans l'île de la Cité, on trouve le Palais de Justice, siège du Parlement, l'Hôtel-Dieu et, bien sûr, la cathédrale Notre-Dame. C'est le cœur historique de la ville, qu'on sent battre encore, parfois, au rythme du Moyen Âge. La Seine, que parcourent en tous sens barques et bateaux, est l'axe principal de la cité. Sur sa rive droite se trouvent le Louvre, les Tuileries, les Halles, le cimetière des Innocents, l'Arsenal, la Bastille, etc. Dans le quartier du Marais, on a commencé à construire en pierre de beaux hôtels particuliers. Mais partout dans Paris dominent encore les maisons de bois et de torchis et les façades à colombages. Les incendies sont fréquents.

Sous le règne précédent, celui d'Henri IV (1589-1610), il y a eu de belles transformations. Le roi a fait construire la place Royale (aujourd'hui place des Vosges), carrée, harmonieuse, avec ses maisons de brique et de pierre. Il a fait tracer le triangle de la place Dauphine, derrière le Palais de Justice. Il a fait rénover le vieux palais du Louvre, au bord de la Seine, et c'est là que vit Louis XIII (Versailles, ce sera sous Louis XIV !). On entre au Louvre avec facilité. Dans la ville, d'ailleurs, les gens vivent proches les uns des autres, tout le monde se côtoie dans un enchevêtrement de ruelles. Sauf le Pont-Neuf, tous les ponts de Paris sont garnis d'habitations.

Sous Louis XIII, il n'y a pas de larges avenues. La ville compte cinq à six cents rues, mais elles sont étroites et sentent très mauvais, car on évacue les ordures par une rigole au milieu de la chaussée. Les riches carrosses aux belles armoiries (mais aux roues crottées !) se frayent un chemin au milieu d'une multitude de gens circulant à pied ou à cheval. Les magistrats passent avec un air grave parmi les cris des porteurs d'eau, des marchands de fleurs, des colporteurs... Une multitude de petites échoppes d'artisans regorgent de vie. Paris ne manque pas de gaîté. On y donne souvent des fêtes en plein air. Sous Louis XIII, la place Royale est devenue le lieu des représentations prestigieuses de la monarchie et une foule immense se presse pour y assister : joutes, tournois, triomphes, spectacles, carrousels... Les défilés et les cavalcades débordent ensuite dans les rues de Paris.

Les nobles ont leur hôtel particulier sur la rive droite. Hautes fenêtres à petits carreaux losangés, cheminée monumentale, tapisseries anciennes couvrant les murs... Le mobilier de l'époque est sévère, mais le velours, le cuir doré, les boiseries peintes, la soie donnent de la lumière au décor. En 1622, Pierre Paul Rubens, le grand peintre flamand, est venu en France décorer le palais du Luxembourg pour Marie de Médicis, la reine mère. Il a donné à tous le goût de la lumière.

Dans ce cadre contrasté évoluent des personnages hauts en couleur. C'est le temps des mousquetaires. Feutre à plumes sur la tête, manteau souple, culotte flottante, bottes à revers, rapière au côté et nœuds de rubans un peu partout, les gentilshommes de ce temps ont le coup d'épée facile et l'allure bravache. Ils raffolent des duels, au point que la fine fleur de la noblesse française meurt dans ces combats, malgré la lutte sévère de Richelieu et de l'Église contre ces pratiques déraisonnables. Mais nos risque-tout sont capables aussi de changer radicalement de vie, de devenir des saints après avoir été de mauvais garçons. L'époque est pleine de retournements, de mystères, les gens sont ardents : ils s'engagent avec passion dans le bien comme dans le mal.

Dans les milieux de la noblesse et de la magistrature, les femmes jouent un grand rôle. Élégantes, elles portent des tenues amples, se parent de perles et de bijoux. Les cheveux frisés en «bouffons» sur les tempes et sur les oreilles, le visage poudré, un fichu de dentelle sur les épaules, elles aussi font un grand usage de rubans. Beaucoup d'entre elles animent avec intelligence la vie en

société. Certaines ont un goût excessif pour les intrigues de toutes sortes, semant le malheur autour d'elles. Pendant la Fronde, elles feront des ravages. D'autres – et elles sont nombreuses – se vouent avec générosité au service des plus démunis.

C'est bien nécessaire, car à Paris pullulent les mendiants, les enfants abandonnés, les prisonniers, les galériens qui attendent de partir pour Marseille afin de s'embarquer... Les pauvres et les malheureux sont légion, les criminels aussi. Il y a, dans la ville, treize «cours des Miracles», ces lieux où se réunissent les brigands pour faire régner leur loi. La nuit, les malfaiteurs se déchaînent dans les rues mal éclairées par de rares chandelles.

Dans Paris aux cent clochers, divers mondes se croisent, au caractère fort, aux passions contradictoires.

CE SIÈCLE A EU VINCENT...

L'odyssée du petit paysan des Landes

C'est en ce temps et dans ce cadre-là qu'un humble prêtre, venu du fond des campagnes de France, va devenir le chef d'un formidable élan de charité. En 1643, «Monsieur Vincent», comme on l'appelle, est connu comme le loup blanc car il a déjà fondé beaucoup d'œuvres et entraîné à sa suite une foule de gens. Mais pour saisir ce qu'il y a d'extraordinaire dans sa vie et comprendre ce que la France de son siècle lui doit, il faut reprendre les choses au début.

Vincent Depaul (ou de Paul, on écrit les deux) est né en 1581, dans un village des Landes de Gascogne, vers la fin des guerres de Religion. Son père est laboureur, il élève aussi quelques troupeaux. Vincent est le troisième de six enfants et la famille n'est pas riche. Pourtant, le petit paysan fait de bonnes études car il est doué, son père l'a compris et place beaucoup d'espoirs en lui. Il destine Vincent à la prêtrise et le garçon entre dans cette perspective. Ordonné prêtre très jeune, en l'an 1600, il part pour Toulouse poursuivre ses études de théologie. Entre 1605 et 1607, alors qu'ayant obtenu son diplôme, il s'attendait à une vie tranquille, il est capturé par des pirates barbaresques en Méditerranée et vendu comme esclave. Après deux ans de captivité à Tunis, il réussit à s'échapper avec son dernier maître, gagne Avignon, puis Rome, puis Paris en 1608.

Il ne sait pas encore très bien ce qu'il va faire de sa vie, il songe à se retirer au pays natal dans une paroisse paisible... Mais à Paris, un concours de circonstances l'a conduit à devenir l'un des aumôniers de la reine Margot, la première femme d'Henri IV. Près de son palais des bords de Seine, la reine Margot a fondé l'Hôpital de la Charité, où l'on soigne les malades avec beaucoup d'amour. Vincent les soigne aussi, son cœur s'ouvre à la souffrance. En même temps, il rencontre un grand personnage de la Réforme catholique, le père de Bérulle (qui sera cardinal à la fin de sa vie). Bérulle a fait venir les religieuses carmélites en France, il est lui-même fondateur d'un ordre (*l'Oratoire*) et il devient le conseiller spirituel de Vincent. Plus tard, en 1618, Vincent rencontrera François de Sales, évêque de Genève-Annecy (un futur saint, lui aussi !), dont l'intelligence et la bonté l'influenceront beaucoup.

Mais c'est grâce à Bérulle que la vie de Vincent de Paul prend alors un tour étonnant. D'abord, Bérulle fait de lui le curé de Clichy, près de Paris, en 1612. Puis il lui fait faire la connaissance de M. et Mme de Gondi, qui cherchent un précepteur pour leurs enfants. Par l'intermédiaire des Gondi, le destin de Vincent va changer.

La famille de Gondi est une puissante famille italienne qui a émigré en France au siècle précédent. Pendant près d'un siècle, les évêques, puis les archevêques de Paris sont des Gondi. Les amis de Bérulle sont Philippe-Emmanuel de Gondi, général des galères du Roi, et son épouse Françoise-Marguerite. Comme leur sœur et belle-sœur la marquise de Maignelais, connue dans tout Paris pour sa bonté, ce sont de grands chrétiens, très généreux. Ils ont trois enfants. Leur dernier fils, Jean-François Paul, vient tout juste de naître quand Vincent arrive chez eux, en 1613. Ce Gondi-là – le futur Cardinal de Retz –, devenu prêtre contre son gré, fera les quatre cents coups et sera plus tard l'un des mauvais génies de la Fronde. Il le paiera cher, sera emprisonné, puis exilé, etc. On le connaît aussi comme un grand homme de lettres, auteur de célèbres *Mémoires*. Vincent lui gardera toujours son affection, sans le juger, dans les bons et les mauvais jours.

Dès que le général des galères et sa femme accueillent Vincent chez eux, ils lui font confiance. Françoise-Marguerite, en particulier, va tout faire pour l'aider dans ses entreprises quand il aura trouvé sa voie. Mais pendant quelques années, Vincent tâtonne encore. Il traverse une très grave crise de la foi, et des soucis matériels s'y ajoutent : il ne sait pas trop où il en est. Puis un jour, tout s'éclaire, à travers deux grands événements, qui se déroulent tous les deux en 1617.

D'abord, au mois de janvier, Vincent découvre la grande misère spirituelle des campagnes en allant confesser, dans un village de Picardie, un vieux paysan qui va mourir. Le 25 janvier 1617, dans l'église de Folleville, il appelle avec beaucoup de conviction les villageois à se convertir et à vivre une vraie vie chrétienne. Et il comprend, d'un coup, la vocation de sa vie : se dévouer aux pauvres gens des campagnes, soigner à la fois leur corps et leur âme. Plus question pour lui d'être le précepteur des jeunes Gondi. Ce sont de futurs seigneurs, et ce sont les pauvres qui ont pris son cœur pour toujours.

Bérulle l'a compris, il l'envoie dans la Bresse, à Châtillon-les-Dombes, pour y être curé. Et c'est là, au mois d'août, que se produit le second grand événement de 1617. Pour répondre à l'appel d'une famille en détresse, Vincent va fonder, avec des dames de bonne volonté, la première Confrérie de la Charité. Il s'agit d'organiser les secours, dans la durée, pour les familles pauvres, en se dévouant pour elles comme on le ferait pour le Christ. La «Charité» de Châtillon est la première d'une multitude d'autres. Son règlement va servir de modèle.

Vincent n'a rien cherché, il a simplement répondu aux appels des gens dans le besoin. Il y voit le doigt de Dieu, un petit clin d'œil de la Providence. Il a 36 ans, il lui a fallu du temps pour trouver sa vocation dans la vie. Mais désormais, tout va s'enchaîner très vite. Les Gondi insistent pour qu'il revienne à Paris. Grâce au général des galères, Vincent s'attache à améliorer le sort lamentable des galériens. Louis XIII crée spécialement pour lui la charge d'aumônier général des galères du roi, en 1619. En 1625, toujours grâce aux Gondi, Vincent fonde à Paris la Congrégation des Prêtres de la Mission pour aller évangéliser les campagnes. En 1632, on offre à la Mission le prieuré de Saint-Lazare à Paris : les Lazaristes sont nés ! En 1633, avec une jeune veuve très généreuse, Louise de Marillac, elle-même Dame de la Charité, Vincent crée la confrérie des Filles de la Charité : ce sont de modestes filles de la campagne, qui prient et se dévouent aux pauvres et aux malades sous la houlette des Dames de la Charité. Vincent va les envoyer partout en France, puis à l'étranger. Elles deviendront plus tard célèbres sous le nom de Sœurs de Saint-Vincent-de-Paul.

En 1634, une confrérie de Dames de la Charité tout à fait exceptionnelle est fondée, celle de l'Hôtel-Dieu de Paris. Exceptionnelle, parce que les Dames de l'Hôtel-Dieu ne vont pas seulement se mettre au service de la vie quotidienne et spirituelle des malades de ce grand hôpital. Elles entreprennent aussi d'organiser les secours que Vincent et les prêtres de la Mission apportent aux victimes de la guerre de Trente Ans, en Lorraine, en Picardie, en Champagne. À partir de 1638, elles organisent aussi la prise en charge des enfants trouvés. Il y avait près de 400 enfants abandonnés chaque année dans Paris, on les recueillait, mais ils étaient très mal soignés. Tout change grâce à Vincent de Paul et à Louise de Marillac. L'œuvre des Enfants trouvés est une des choses les plus touchantes dont on se souvient à propos de Vincent de Paul. Elle est à l'origine de l'Assistance publique moderne.

Comme si cela ne suffisait pas, le petit paysan devenu grand en vient à jouer un rôle au sommet du royaume. Richelieu l'estime beaucoup et lui demande des conseils pour nommer de bons évêques. Vincent est appelé au chevet de Louis XIII mourant et l'assiste jusqu'au bout. Devenue régente, la reine Anne d'Autriche fera entrer Vincent à son Conseil pour les affaires religieuses. Pendant la Fronde, Vincent sera sur tous les fronts, dirigeant les secours aux pauvres et aux blessés, essayant d'agir pour la paix civile en tentant de réconcilier le roi, Mazarin et les princes révoltés. Quand la paix sera revenue, il continuera de répondre aux problèmes de son temps. Du haut en bas de l'échelle sociale, on a confiance en Vincent, alors on vient à lui et il paie de sa personne sans hésiter. Il est un peu la conscience de son époque. Dans la dernière partie de sa vie, il envoie des missionnaires à l'étranger, en Italie, en Pologne, à Madagascar, etc. Il est infatigable, jusqu'à sa mort le 27 septembre 1660.

Saint-Lazare... et compagnie

Le prieuré de Saint-Lazare existait depuis le XIIe siècle, c'était une grosse propriété de trente-deux hectares, où l'on soignait traditionnellement les lépreux. Mais le prieuré exerçait beaucoup d'autres rôles. C'était une vraie seigneurie ecclésiastique. On y rendait la justice. C'est là aussi que les rois de France venaient recevoir le serment de fidélité de tous les corps constitués de Paris avant de faire leur entrée solennelle dans la ville, et à la mort du roi, le cortège en route vers Saint-Denis faisait halte à Saint-Lazare pour une cérémonie solennelle. Vincent a mis du temps à accepter de recevoir Saint-Lazare en cadeau pour lui et sa communauté, il ne s'en sentait pas digne. Mais à partir du moment où il l'a accepté (en 1632), Saint-Lazare est devenu un extraordinaire point de ralliement !

Ce grand prieuré (qui n'existe plus aujourd'hui) n'était pas situé à la place de la gare Saint-Lazare que nous connaissons. Il s'étendait sur une surface où l'on trouve aujourd'hui la gare du Nord, l'hôpital Lariboisière, l'église Saint-Vincent de Paul, etc. À côté de multiples bâtiments, il y avait aussi à Saint-Lazare des champs cultivés où l'on récoltait du blé, de l'orge, de la luzerne. Ainsi Vincent et les siens vont-ils pouvoir nourrir, à Paris et ailleurs, des milliers de pauvres. Mais Saint-Lazare accueille aussi, à l'intérieur de ses murs, toutes sortes de gens. L'archevêché de Paris y envoie les futurs prêtres pour se former. Il y a aussi les Conférences du mardi, qui réunissent une fois par semaine tout ce que Paris compte de prêtres fervents. Et puis, Saint-Lazare reçoit aussi bien des jeunes en perdition, envoyés par leurs familles qui ne savent plus comment les aider, que des gens, riches ou pauvres, qui ont envie de se retirer au calme pour prier... Tout le monde est traité avec autant de tendresse et de soin. Vincent dira de Saint-Lazare que c'est une véritable «arche de Noé» : on y embarque tous ceux qui le veulent ! Pendant les horreurs de la Fronde, le prieuré de Saint-Lazare fera de son mieux pour nourrir les affamés.

Les femmes à l'honneur

On a dit de Vincent de Paul qu'il n'aurait jamais pu être déclaré «saint» sans les femmes ! Bien sûr, la Congrégation des Prêtres de la Mission (qu'on appelle Lazaristes en France) ne comporte que des hommes. Ils vont prêcher dans les campagnes et y soigner les malheureux. Mais après chaque mission, ce sont les femmes qui créent et qui font marcher les confréries de la Charité. Toutes les œuvres de bienfaisance de Vincent passent par les femmes. Dès 1617 à Châtillon-les-Dombes elles se dépensent sans craindre la fatigue ni le découragement. Vincent a pu compter sur le concours de très grandes dames, comme la duchesse d'Aiguillon, nièce de Richelieu, qui donne tout – son argent, son cœur, sa peine. Beaucoup de nobles dames veuves, qui sont assez libres de leur temps, sont heureuses de se rendre utiles sous la houlette de Vincent. Le personnage de Marie Lumague, veuve de M. de Poulaillon, qui apparaît dans la B.D., a vraiment existé. Elle n'avait pas froid aux yeux et remuait ciel et terre pour aider les filles de mauvaise vie à retrouver leur dignité.

Il n'était pas habituel, à l'époque, que les femmes prennent de grandes responsabilités sociales. Mais Vincent a poussé à cela beaucoup de grandes dames. Il jugeait qu'elles étaient de bonnes gestionnaires pour ses œuvres. Elles savaient aussi mettre la main à la pâte avec simplicité. Louise de Marillac coordonnait leurs activités, elle choisissait aussi les Filles de la Charité et les formait à leur tâche. Au début, les Filles de la Charité logeaient chez Louise, au Quartier latin à Paris. Mais comme elles sont vite devenues très nombreuses, elles ont dû changer plusieurs fois d'habitation. En 1643, leur «maison mère» est installée au nord de Paris, rue du faubourg Saint-Denis, en face de l'église de Saint-Lazare. Elles sont donc tout près si Vincent a besoin d'elles d'urgence. Il sait qu'il peut compter en toutes circonstances sur ces robustes filles de la campagne. Lui qui attache tellement d'importance à la prière n'hésite d'ailleurs pas à leur dire qu'interrompre leur prière pour aller secourir un pauvre qui appelle, c'est «quitter Dieu pour Dieu».

LE SECRET DE VINCENT

Quand Vincent allait à la cour, c'était avec ses habits râpés. Quand il parlait à un prince, il le faisait avec le respect dû à sa condition, mais en suivant toujours ce que lui disait sa conscience, sans craindre de fâcher le grand personnage. Vincent voulait être la voix des «sans pouvoir». Il était humble et agissait sans façons au service de l'essentiel. Mais il n'a pas été pour autant un homme seul, se battant à mains nues contre des injustices qui dépassaient tout le monde ! D'abord parce que, nous l'avons dit, l'époque comptait beaucoup de chrétiens généreux et fervents. Mais aussi parce que «Monsieur Vincent», admiré, aimé, avait l'art d'entraîner les gens à sa suite.

Le secret de Vincent, c'est sa grande confiance en Dieu et sa capacité à voir le visage de Jésus dans chacun des pauvres qu'il aide. Ce sont aussi ces quelques petits mots, souvent répétés aux siens : «Ne jamais enjamber sur la Providence». C'est-à-dire ne jamais vouloir aller trop vite, ne pas faire le malin, mais se tenir prêt, grâce à la prière, à agir comme Dieu le veut, au moment où il le veut. C'est grâce à cette disposition du cœur que les œuvres de saint Vincent de Paul se sont multipliées comme par enchantement dans son siècle et qu'elles sont aujourd'hui plus vivantes que jamais.

Marie-Joëlle Guillaume
Historienne, auteur de VINCENT DE PAUL, Un saint au Grand Siècle (Perrin, 2015)